EMOJI

LIBRO DE COLOREAR

VOCABULARIO DE INTELIGENCIA EMOCIONAL PARA NIÑOS DE 4-8 AÑOS

Smart Emoji

PRUEBA DE COLOR

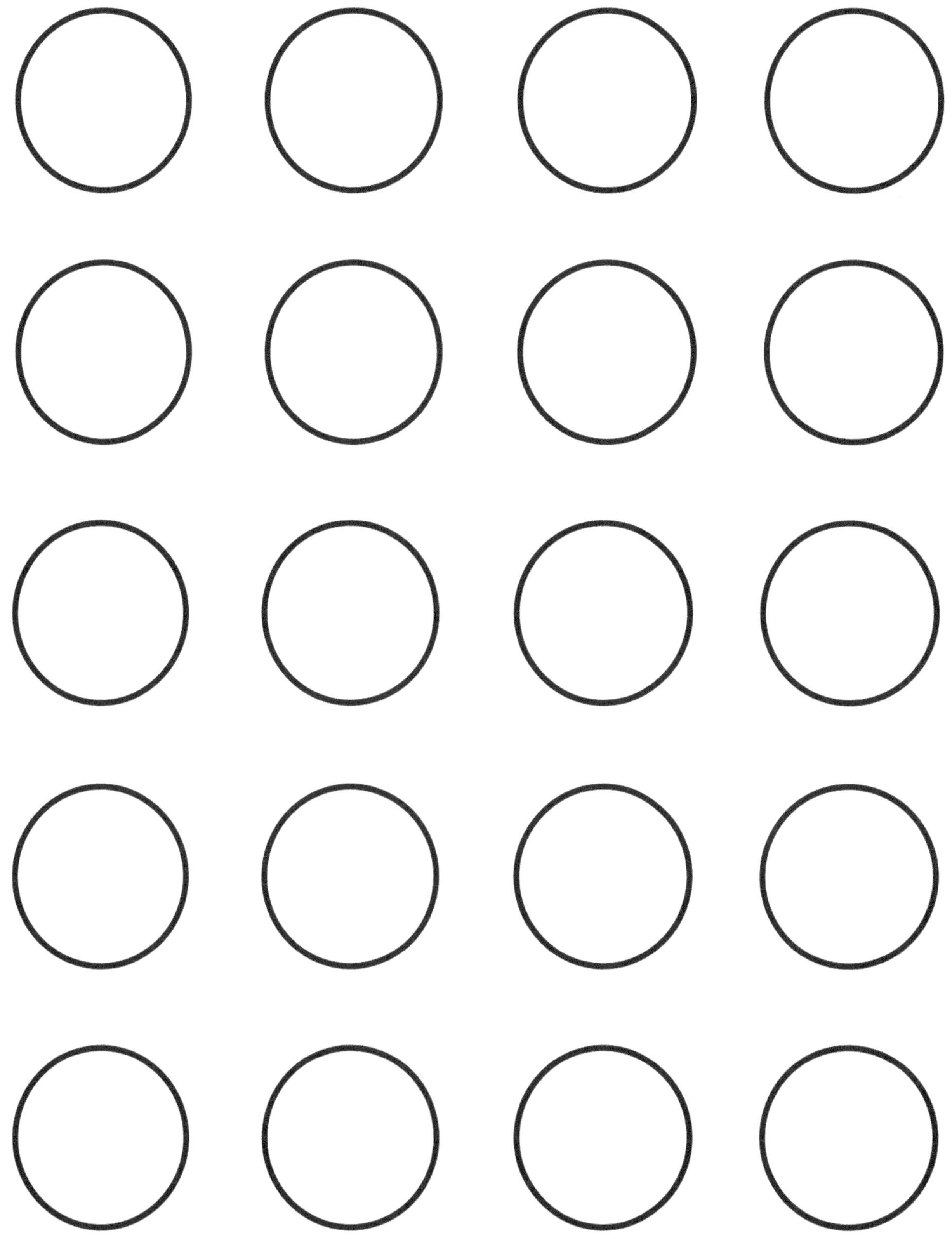

6 TIPOS DE EMOCIONES BÁSICAS

ALEGRIA

Tristeza

IRA

ASCO

MIEDO

Sorpresa
OMG

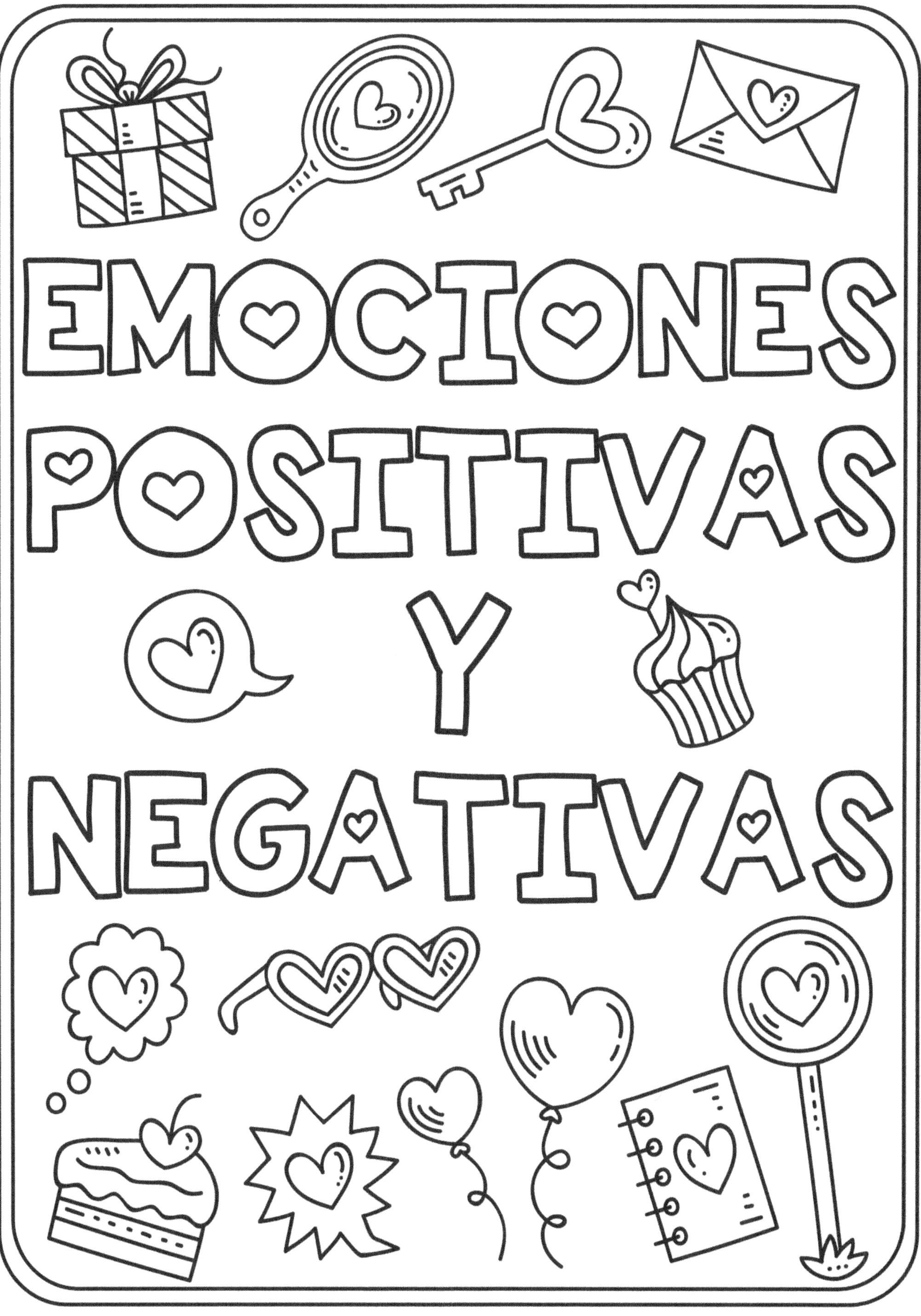

EMOCIONES
POSITIVAS
Y
NEGATIVAS

DIVERSIÓN

DESPRECIO

Satisfacción

ENTUSIASMO

CULPA

ORGULLO EN EL LOGRO

ALIVIO

Satisfacción

PLACER

VERGÜENZA

APENADOO

5 PILARES DE
LA INTELIGENCIA
EMOCIONAL

CONCIENCIA
DE SÍ MISMO

AUTO
CONTROL

MOTIVACIÓN

EMPATIA

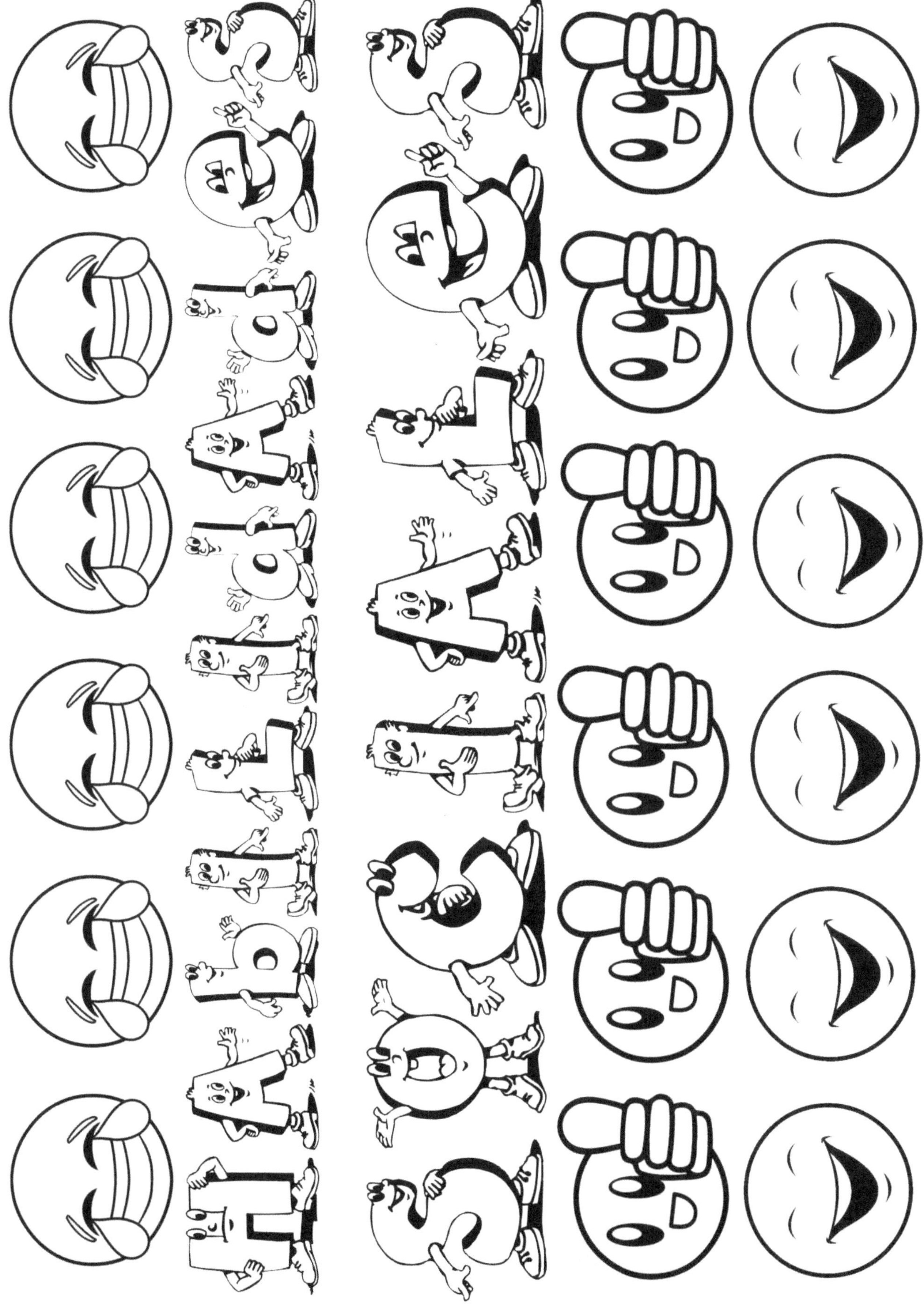

Conclusion

Muchas gracias por comprar este libro. Si lo disfrutó, deje una reseña de Amazon. Las reseñas son el elemento vital de nuestros esfuerzos editoriales. Dejar una reseña positiva significaría mucho para nosotros.

;-)

Smart Emoji